VOYAGE D'ÉTUDE A OBOCK

MARS-MAI 1889

RAPPORT

Présenté à M. ÉTIENNE

Sous-Secrétaire d'État aux Colonies

PAR

G. POYDENOT

Ancien Secrétaire en chef de la Municipalité de Tunis

PARIS

IMPRIMERIE BREVETÉE CHARLES BLOT

7, RUE BLEUE, 7

1890

Monsieur le Sous-Secrétaire d'Etat,

J'ai l'honneur de vous adresser, suivant l'autorisation que vous avez bien voulu m'en donner, un rapport sur la situation d'Obock, telle que le voyage que je viens d'entreprendre, à mes frais, sous les auspices du regretté amiral Jaurès, ministre de la Marine et des Colonies, m'a permis de l'apprécier (1) : je serais heureux de réussir à attirer votre bienveillante attention sur le résultat de ce travail.

Considérations générales sur l'importance d'Obock comme point de ravitaillement sur la route de l'Extrême-Orient.

Connaissant tout l'intérêt que vous portez au développement de cette portion de notre domaine colonial, je n'entrerai dans aucune considération générale sur l'importance qu'il y a lieu d'attacher à l'unique escale que nous possédions aujourd'hui, au sortir de la mer Rouge, sur la route de nos possessions d'Extrême-Orient, d'Océanie, de Nouvelle-Calédonie et de Madagascar (2).

L'opinion de toutes les personnes compétentes étant bien fermement établie qu'Obock doit être une station de ravitaillement de premier ordre, en charbon, eau et vivres, pour les navires de notre flotte de guerre et de commerce, je me suis surtout attaché à l'étude des voies et moyens propres à réaliser cette conception dans le plus bref délai et sans aggraver d'une façon sensible les charges de l'Etat.

Œuvre de l'Administration locale.

Il ne m'a pas fallu séjourner longtemps dans notre colonie pour me convaincre que l'administration locale, depuis cinq ans qu'elle y est installée, a fait tout ce qui était en son pouvoir pour organiser la station, malgré les faibles ressources qui lui sont allouées. On peut même dire qu'elle a

(1) Dépêche ministérielle au gouverneur d'Obock en date du 11 mars 1889, sous le timbre des Colonies.

(2) Voir la carte, Annexe A.

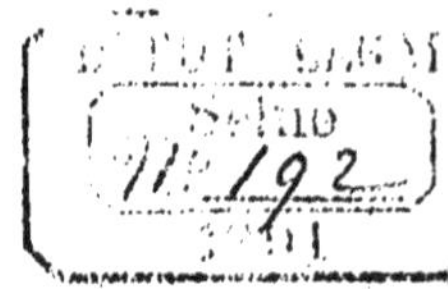

opéré un miracle en créant, sans aucun crédit budgétaire spécial (1), le centre de Djiboutil qui prendra très certainement, et avant peu, une grande importance comme tête de route commerciale vers l'intérieur. Mais c'est justement de ces ressources, mises à sa disposition, qu'il convient de faire ressortir et la pénurie, et, souvent, le choix peu judicieux.

Défectuosités des installations.

C'est ainsi, et je veux parler seulement des objets d'absolue nécessité sous un climat aussi chaud, que l'appareil distillatoire ne peut marcher qu'à marée haute et produit d'ailleurs une eau insuffisamment ventilée : la machine à glace installée à côté de cet établissement depuis 4 ans n'a pas encore fabriqué un seul kilo de glace, et se trouve actuellement usée par la rouille avant d'avoir pu fonctionner.

Le personnel administratif et militaire ainsi que l'hôpital lui-même sont installés dans des baraquements en fer et en briques bons tout au plus pour un séjour temporaire au camp de Châlons, mais qui exposent les malheureux qui y logent à être littéralement grillés pendant la terrible période du « khamsine » (2).

Aussi ne faut-il pas s'étonner d'entendre les gens obligés d'y séjourner ou même de s'y arrêter seulement quelques heures, faire d'Obock un tableau auprès duquel Massaoua, en pleine mer Rouge, semblerait un paradis terrestre. Or, il y a lieu de remarquer qu'Obock est à la même latitude et à quelques heures d'Aden, qu'il y existe une végétation naturelle à laquelle il serait très facile de donner le développement nécessaire, tandis que les noirs rochers d'Aden, où rien ne pousse, offrent un aspect désolé et sinistre: les Anglais, cependant, ont su en rendre le séjour supportable aux nombreux fonctionnaires et soldats européens qui y vivent (3).

La question de l'hôpital et du Sanitarium.

La question de l'hôpital prend, d'autre part, une importance capitale à Obock, puisque tous les navires qui font escale en ces parages y laissent des malades, soit à l'aller, soit au retour. Je ne veux pas m'appesantir sur un sujet aussi douloureux et vous prie seulement de vous reporter aux

(1) Voir la vue de Djiboutil (les installations du gouvernement, et la maison du Bey).

(2) Voir la vue d'Obock. — Installations militaires et administratives (sur la falaise S.-O. de la rade).

(3) Voir, à ce sujet, le remarquable rapport de M. l'Ingénieur Suais sur les installations anglaises à Aden, dont j'ai pu obtenir de prendre connaissance dans les bureaux du Ministère, après le dépôt de mon rapport, et que je reproduis, en partie, à la fin de cette étude.

nombreux rapports que les médecins de la Marine ont adressés, sur ce sujet, à leurs chefs hiérarchiques.

Je ne crains pas toutefois d'affirmer que, malgré l'extrême chaleur de la saison estivale, ils ont tous reconnu l'excellence du climat qui leur permet de traiter avec succès les blessures et les cas de fièvre typhoïde.

Pourquoi donc, dans ces conditions, le cimetière d'Obock se peuple-t-il d'une façon effrayante? Le contingent des hommes débarqués aux voyages de retour d'Extrême-Orient provenant surtout d'anémiés à la dernière période et de dysentériques, de ceux, en un mot, que la traversée de la mer Rouge achèverait infailliblement, les médecins sont impuissants, par suite de la pénurie de leurs moyens d'action, à enrayer le mal et à rétablir suffisamment leurs malades pour qu'après quelque temps de repos à terre, ils soient en état de rentrer par un autre paquebot en France, où, là seulement, ils peuvent espérer une guérison complète.

L'avis unanime des médecins qui se sont succédé à Obock est qu'il serait nécessaire d'y posséder un hôpital très bien installé sous le rapport des constructions et des approvisionnements de toutes sortes et, surtout, d'établir à quelques lieues dans l'intérieur, sur une montagne élevée qui domine Tadjoura et Sagallo, un « Sanitarium » (1) aussi indispensable, pendant la saison chaude, aux malades de passage qu'aux habitants de la station. Je sais que l'on objectera les dépenses considérables qu'entraînerait une pareille installation, mais que l'on réfléchisse d'autre part aux vies humaines ainsi épargnées et aux dépenses que cause à l'Etat le déplacement continuel de fonctionnaires et de soldats que les ardeurs du « khamsine » et l'anémie qui en résulte obligent à rentrer chaque année en France.

Or, quel est le remède à apporter à tous les inconvénients que je viens de signaler? Il n'y en a qu'un : ce sont des installations confortables aussi bien à terre qu'à bord des navires en station.

Nécessité de la création d'un port à Obock.

C'est pour arriver à ce résultat qu'il m'a paru indispensable de créer, avant toutes choses, le port d'Obock et je vais essayer de le démontrer.

Il est bien évident que ni l'Etat, ni une Société privée ne pourraient s'engager dans les dépenses assurément élevées que nécessite l'exécution d'un tel programme, s'il ne devait continuer à faire escale à Obock, par mois, qu'un seul navire de l'Etat et qu'un seul courrier postal, c'est-à-dire, en tout, quatre passages. Il me sera permis d'autre part d'émettre cet axiome que les navires vont là seulement où il y a des ports et n'ont aucun intérêt à mouiller sur des rades ouvertes où ils sont exposés à faire

(1) Voir l'Annexe C.

des avaries, pour y prendre du charbon, dans le seul but d'assurer la prospérité d'un centre de création nouvelle. Donc il ne faut pas songer à installer, à Obock, un véritable dépôt de charbon, s'il n'y existe pas un port susceptible d'abriter les navires qui viendraient s'y approvisionner.

Le port peut-il être utilement entrepris?

Toute la question est de savoir si, dans le cas où le port se ferait, il y aurait un passage de navires assez fréquent pour justifier sa construction. Or, il résulte des statistiques officielles les plus récentes qu'il touche actuellement à Aden cinq grands courriers postaux français chaque mois, venant d'Europe, et un nombre égal, au voyage de retour (y compris la ligne annexe de Bombay). A ce chiffre, il convient d'ajouter le transport militaire de l'Etat pour le Tonkin qui alterne tous les deux mois avec le transport affrété de la Compagnie nationale, ce qui constitue, chaque mois (1), un voyage régulier d'aller et un autre de retour. Ces transports font déjà ou plutôt devraient faire escale à Obock; mais cela n'a pas toujours lieu dans l'état actuel des choses. De plus, il passe en moyenne par an dans ces parages, tant à l'aller qu'au retour, au moins douze navires de l'Etat se rendant à Madagascar, en Nouvelle-Calédonie, dans l'Océanie ou dans les mers de la Chine, ou bien rentrant de ces diverses stations en France. Si tous ces navires faisaient escale dans le port d'Obock, et il suffit simplement, pour cela, d'un ordre des services compétents, puisqu'ils dépendent tous à un degré quelconque de l'Etat, il y aurait d'ores et déjà un passage assuré de quatorze navires, par mois, dans le nouveau port.

Le mouvement de ces navires nécessiterait, c'est bien évident, l'accumulation sur ce point de ressources en tout genre, en charbon, glace, vivres frais, poisson, etc., et, de plus, le va-et-vient continuel de bateaux charbonniers, puisque les Messageries Maritimes prennent à Aden, pour leur propre compte, vingt-cinq mille tonnes de combustible par an (2). Or, des renseignements autorisés me permettent d'avancer que cette puissante Compagnie, dans le cas où le port serait construit, est toute disposée, dans un but patriotique, à lui donner le développement qu'il mérite, en s'y approvisionnant des denrées énumérées ci-dessus.

Il n'est pas nécessaire d'insister longuement sur les résultats qu'amènerait l'établissement du port dans les conditions qui viennent d'être exposées. En négligeant même les conséquences commerciales et industrielles qui en découleront fatalement au point de vue des relations avec l'intérieur du pays et les ports voisins, il n'est pas téméraire d'affirmer

(1) En 1889, les départs de Toulon ont eu lieu tous les quarante jours, mais cette exception n'infirme pas le calcul des moyennes établi plus loin.

(2) Chiffre constaté et vérifié à la Maison Worms Josse et Cie.

que le passage de grands navires comme ceux dont il est question, tous les deux jours en moyenne, assurera tout au moins l'existence de la station.

Il ne paraît donc pas utile de pousser plus loin la démonstration pour considérer comme acquis le point que le port peut et doit être entrepris.

Emplacement à choisir.

Où doit-il être établi ? Cette question n'est pas difficile à résoudre, car on peut dire que le port existe déjà.

La rade d'Obock est fermée du côté du large par une ceinture de bancs madréporiques compacts et solides qui sont presque à fleur d'eau et dont une partie découvre même aux basses mers. Dans l'état actuel, ces récifs forment des brisants qui ne sont pas suffisants pour empêcher le ressac d'agiter les deux bassins du Nord-Est et du Sud qui constituent le mouillage, surtout lorsque souffle la mousson de Sud-Ouest ; car les falaises qui dominent le bassin Nord-Est protègent naturellement cette partie de la rade contre le vent opposé, lequel alterne périodiquement pendant six mois de l'année, et d'une façon régulière, avec l'autre mousson.

Les massifs de coraux, dont il vient d'être parlé, s'ouvrent vers l'Est par un chenal relativement étroit et parsemé d'écueils, et au Sud par une passe large de cinq cents mètres environ qui donne aux navires un accès commode de jour et de nuit dans le bassin de mouillage actuel. Toutefois, s'il fallait abriter ce bassin, on serait conduit à exécuter des travaux considérables dont le projet a été dressé par un ingénieur plus compétent que moi (1), mais dont la dépense ne paraît pas, actuellement du moins, en rapport avec l'importance d'Obock.

Description du bassin N.-E.

D'autre part, les marins les plus expérimentés ont reconnu que le bassin Nord-Est était un véritable port creusé par la nature et que quelques travaux relativement peu coûteux le mettraient en état d'abriter tous les navires qui peuvent, d'ici longtemps, avoir à y faire escale.

L'avant-projet, dont un croquis est joint au présent rapport et dont les conclusions concordent, paraît-il, avec celles du commandant Conneau, comporte un bassin de près de 95 hectares, ayant partout au moins dix

(1) M. de Vésine Larue, ingénieur colonial, dont j'ai pu obtenir de consulter, au mois d'août 188[illegible], le rapport sur l'établissement du port, accompagné de son devis estimatif.

mètres de fond, et un second bassin moins profond, d'une vingtaine d'hectares, communiquant avec le premier et destiné à abriter le parc à charbon, les chalands, ainsi que les barques de pêche et de service. Or, si je ne me trompe, le port d'Alger, qui comprend un bassin militaire où l'escadre de la Méditerranée tient à l'aise, et deux grands bassins commerciaux, n'a pas plus de quatre-vingts hectares de superficie.

Dans le cas où les projets que j'ai l'honneur de soumettre à votre examen pourraient aboutir à un résultat, vous remarquerez que l'exécution immédiate du port Nord-Est n'empêcherait pas de reprendre ultérieurement le projet d'ensemble relatif à la fermeture entière de la rade. D'ailleurs, l'entrée des navires devant toujours avoir lieu par la passe Sud, le bassin de même nom, qui communique par un large chenal naturel avec le port Nord-Est, pourrait continuer à être utilisé pour le mouillage sur rade des navires qui, pour une raison quelconque, ne pénétreraient pas dans le port.

Le projet du port Nord-Est donne donc satisfaction aux vues des gens du métier et aux besoins de la navigation, tels qu'on peut les prévoir pour une longue période (1).

Facilités d'exécution.

Le cadre de cette étude ne permet pas d'entrer dans les détails techniques relatifs à son exécution, mais il y a lieu d'appeler cependant votre attention, Monsieur le Sous-Secrétaire d'Etat, sur ce point que les hauts fonds, par suite de leur disposition autour du bassin naturel, constituent des assises de fondations toutes faites qui rendront l'exécution des jetées plus rapide et aussi économique que possible. Je dois encore insister sur un point qui frappera votre attention, pour peu que vous jetiez les yeux sur la configuration des bancs qui encadrent le tracé du port : vous remarquerez, dans la partie Est, un chenal large de cinquante mètres et long de trois cents mètres environ, et qui, jusqu'au fond du cul-de-sac qu'il forme, conserve partout une profondeur variant entre neuf et dix mètres.

Bassin de radoub.

Il semble qu'il ait été creusé de main d'homme pour y installer un bassin de radoub; dans tous les cas, par le fait de cette disposition, les frais d'établissement de ce bassin en seront notablement diminués.

Si l'on veut bien considérer que depuis Suez jusqu'à La Réunion, d'une part, et Bombay de l'autre (et ces deux ports ne sont pas sur leur

(1) Voir le croquis Annexe D.

route habituelle), il n'y a pas un seul point où les navires puissent se faire réparer, l'installation d'un bassin de radoub à Obock est non seulement une des principales causes qui militent en faveur de la création projetée, mais encore, elle doit en assurer la prospérité. Il est, en effet, indéniable qu'il passe à proximité de notre station près d'un tiers des navires du monde entier, et qu'il en est beaucoup qui, venant d'essuyer les moussons contraires des mers de Chine ou des Indes, seront heureux de rencontrer, sur leur route, un port outillé de telle sorte qu'ils puissent s'y mettre en état de continuer sans danger le cours de leur voyage.

CONSÉQUENCES DE L'ÉTABLISSEMENT DU PORT

J'espère que les considérations qui précèdent auront pu faire pénétrer dans votre esprit la conviction qui m'anime, et je ne voudrais pas fatiguer plus longtemps votre attention, mais je ne crois pas cependant pouvoir me dispenser de vous faire envisager les conséquences de l'aménagement du port d'Obock.

Conséquences générales.

Au point de vue général, une pareille entreprise et l'installation d'un établissement aussi important relèvera notre prestige dans l'esprit des indigènes du littoral et de l'intérieur. Nous pourrons peut-être ainsi reprendre auprès du Souverain du Choa un peu de l'influence que notre abstention systématique a laissé s'amoindrir au profit des Italiens et des Anglais, et, par conséquent, l'amener à diriger les riches produits de son royaume plutôt vers Obock par Harrar et Djiboutil (1), que vers Aden par Berbera et Zeila.

Relations avec le Choa.

Le fait même de l'installation définitive et complète du parc à charbon et du port peut servir à justifier notre occupation d'Obock (2) et à démontrer au roi Ménélick, qui paraît appelé à recueillir la succession du Négous tout entière (3), que nous ne sommes installés sur ce point du littoral que dans un but unique et limité, que nous ne songeons donc pas

(1) La réalisation de ce projet fait l'objet d'un travail spécial que des raisons toutes particulières m'ont amené à ne pas comprendre dans le cadre de cette étude.

(2) Voir le croquis Annexe C.

(3) Cette prévision s'est réalisée à la lettre puisque, depuis le mois de juin 1889, le roi Ménélick a étendu son autorité en dehors du Choa, du Harrar et des pays Gallas sur les Etats du Négous, Johannès, tué, comme on le sait, l'année dernière dans un combat contre les Derviches (octobre 1890).

à des conquêtes territoriales et que nous sommes, en définitive, ses meilleurs amis, étant des voisins désintéressés.

De cette façon, et ceci est très important pour l'avenir d'Obock, il nous sera possible de retrouver sa confiance qu'il était naguère heureux d'accorder aux Français : nous nous assurerons, par cela même, sa clientèle commerciale, ce qui établira un actif mouvement d'échanges on ne peut plus profitable à notre commerce national, lequel a besoin, plus que jamais, de se créer des débouchés à l'extérieur.

Conséquences commerciales.

D'autre part, les navires qui viendraient à Obock avec des chargements de charbon seraient assurés d'y trouver du fret de retour, si les relations commerciales s'accentuent avec l'intérieur du pays et si, d'un autre côté, nos consuls ou des agents commerciaux établis à Hodeida, Aden, Berbera et même Mascate, à l'entrée du golfe Persique (1), déterminent les boutres arabes à venir fréquenter le port d'Obock et y apporter les produits originaires de ces contrées.

Il n'est donc pas téméraire d'avancer qu'au point de vue commercial, la création du port aura les conséquences les plus importantes, et cela, dans le plus bref délai.

Conséquences industrielles.

Je dois également envisager le point de vue industriel et, pour n'en citer qu'un exemple, je veux dire un mot de l'exploitation du lac Assal dont la concession, telle qu'elle avait été primitivement demandée (2), m'a toujours paru irréalisable (3). En effet, le principal obstacle résidait dans la répugnance bien marquée du Sultan Amphalé à laisser des Européens s'installer en nombre sur son territoire et se livrer à une exploitation du sel par voie de monopole : il pouvait se figurer, et il l'a dit, à l'instigation sans doute du comte Antonelli, que cette exploitation serait une occupation déguisée de son territoire et l'acaparement du lac Assal, au seul profit

(1) Voir le croquis Annexe B.

(2) Le droit à l'exploitation du sel du lac Assal par le gouvernement français résulte d'une façon indéniable du traité de Paris (11 mars 1862), qui a ratifié l'acquisition d'Obock. Ce droit a été concédé à une société française sous la réserve expresse que ladite concession serait ratifiée par le roi Ménélick, suzerain du petit sultan d'Aoussa. Des renseignements précis me permettent d'affirmer que le concessionnaire, actuellement au Choa (novembre 1890), a obtenu ladite ratification exigée par le gouvernement français précisément pour se mettre à l'abri de toute revendication, de quelque part qu'elle pût provenir.

(3) Je serais cependant fort heureux de voir M. Léon Chefneux, auteur du projet, et avec lequel j'ai eu les meilleurs rapports tout l'été dernier, réussir dans son entreprise, de quelque façon qu'intervienne la solution, laquelle, en définitive, constitue une des causes efficientes de l'établissement du port d'Obock. M. L. Chefneux est d'ailleurs aujourd'hui, avec M. A. Savouré, l'un des deux Français qui connaissent le mieux l'Abyssinie et soient capables de tirer parti des relations commerciales qu'ils se sont créées dans ce pays.

d'une Société étrangère. C'eût donc été une cause perpétuelle de conflits que de vouloir poursuivre l'exécution de cette idée, dans des conditions semblables.

Cependant, il ne faut pas perdre de vue que la spéculation vaut la peine d'être tentée, puisque l'Inde, le plus vaste marché de sel du monde, est à quelques centaines de milles d'Obock(1): la meilleure preuve en est, d'ailleurs, dans les bénéfices réalisés par la Société italienne des Salines d'Aden, qui est cependant obligée de fabriquer son sel par évaporation, ce qui augmente sensiblement ses prix de revient.

A mon avis, le projet d'exploitation du lac Assal pourrait être repris de la manière suivante.

Exploitation du lac Assal.

Au lieu de s'installer, à grands frais, sur les bords du lac, la Compagnie concessionnaire devrait traiter purement et simplement avec le Sultan Amphalé pour se faire livrer par les indigènes, sous la surveillance d'un agent du Sultan, à la frontière limitrophe du pays d'Aoussa et de la colonie d'Obock, des chameaux chargés de sel, suivant un prix tarifé à l'avance. Chaque chargement ainsi livré donnerait lieu, en sus du prix, à un droit au profit du Sultan lui-même, qui se créerait de cette façon, sans soucis, ni inquiétudes, un revenu assuré : la Compagnie traiterait d'autre part avec le gouvernement français pour obtenir le monopole de l'exportation, au delà d'Obock, du sel moyennant un autre droit, versé au Trésor local, par tonne de sel exportée. Ce serait donc encore du fret assuré pour les navires venus à Obock avec des chargements de charbon et une nouvelle raison, par conséquent, pour obtenir ce combustible à des prix au moins aussi bas que ceux d'Aden.

Industrie de la pêche à Obock.

Je ne parle encore que pour mémoire de l'exportation de poisson salé vers l'Inde et la Chine, sans toutefois omettre de faire remarquer que cette question a attiré l'attention de toutes les personnes compétentes qui ont étudié les ressources d'Obock et ont été frappées de la grande quantité de poissons qui existent dans ces parages.

J'aurais voulu également terminer par quelques considérations sur la corrélation qui existe, dans ma pensée, entre la création du port d'Obock et l'établissement d'une route commerciale entre Djiboutil et le Harrar;

(1) Il ne faut pas perdre de vue, d'autre part, que le récent traité de commerce franco-chinois nous a ouvert la frontière du Yunam, où le sel naturel est également un objet important de négoce, et que des bateaux venus à Obock pour apporter du charbon peuvent relever de ce port vers Calcutta ou le Tonkin avec des chargements de sel.

mais je craindrais d'être entraîné au delà des limites de cette étude (1) et je me hâte de conclure en indiquant quels seraient, à mon sens, les voies et moyens propres à réaliser l'entreprise spéciale du port.

Qui doit entreprendre les travaux du port?

Si les quelques exemples que j'ai mis sous vos yeux prouvent que l'Etat n'est pas placé dans de bonnes conditions pour se livrer directement à des opérations commerciales et qu'il ne lui appartient pas de fabriquer de l'eau distillée ou de la glace, il est assurément compétent pour exécuter de grands travaux publics et, dans cet ordre d'idées, il semblerait, en ce qui concerne le port, que lui seul doit en prendre en mains et sans délai la construction.

Action directe de l'Etat.

Mais la situation budgétaire n'autorise pas de pareilles dépenses, dont l'utilité et l'urgence n'apparaissent malheureusement pas à la plupart des membres du Parlement qui seraient appelés, après de longues études et le dépôt de nombreux projets, à allouer les crédits nécessaires. Or, il est absolument indispensable, pour aboutir à un bon résultat, que cette entreprise soit menée très vite et très discrètement.

Le Gouvernement aura, d'ailleurs, toujours le temps d'intervenir au point de vue des travaux de défense que nécessitera tôt ou tard l'établissement d'un parc à charbon de cette importance.

Recours à l'initiative privée.

C'est pourquoi j'estime qu'il serait, à tous les points de vue, préférable et même nécessaire d'avoir recours à l'initiative privée. La question se pose alors de savoir si, dans cette alternative, on pourrait trouver des capitalistes disposés à engager leur argent dans cette affaire sans exiger de l'Etat une garantie d'intérêt; l'exécution directe par l'Etat serait préférable à cette solution, puisqu'elle ne supprime ni les lenteurs de la procédure, ni l'intervention du Parlement.

Or je suis absolument convaincu, et n'hésiterais pas à donner un avis dans ce sens, le cas échéant, qu'une Compagnie assez avisée pour entreprendre ce travail, même sans la garantie de l'Etat, doit trouver dans les concessions diverses qu'elle demanderait au Gouvernement en échange du service rendu par le fait de l'aménagement du port, une rémunération suffisante et assurée du capital engagé; ces privilèges et concessions seront même, dans l'avenir, une source certaine de béné-

(1) J'ai déjà dit plus haut pourquoi je considère que cette question doit faire l'objet d'une étude toute spéciale.

fices commerciaux et industriels qui viendront tout naturellement se greffer sur l'affaire du port et qu'il n'y a pas lieu d'énumérer ici.

Du bénéfice pour l'Etat à concéder l'entreprise.

Donc, si l'on peut confier à l'initiative privée la construction du port, l'Etat en bénéficiera sans bourse délier ; mais comme, d'autre part, son établissement amènera une augmentation du personnel administratif et militaire et qu'il en résultera un surcroît de dépenses pour le budget local, actuellement réduit à sa plus simple expression, il me sera permis d'émettre une opinion personnelle sur le moyen d'augmenter les ressources du budget d'Obock sans aggraver les charges de la métropole.

Augmentation du budget local.

Du moment qu'Obock est l'escale nécessaire sur la route de nos possessions au delà du golfe d'Aden et que son organisation définitive assure les communications de ces colonies avec la mère patrie, pourquoi chacune d'elles ne prélèverait-elle pas, sur son budget particulier, une subvention proportionnelle à son importance ? C'est en procédant du même ordre d'idées que les Anglais ont fait dépendre Aden du gouvernement de Bombay et que cette station reçoit des subsides à la fois de ce gouvernement et de la métropole.

CONCLUSION

Mais j'en reviens à ce que je voulais démontrer et me permets d'insister sur ce point, avec une angoisse patriotique que votre parfaite connaissance de la question vous fera trouver toute naturelle, à savoir qu'il est indispensable et urgent, au point de vue de la défense de notre domaine colonial, d'organiser rapidement et d'une façon sérieuse et durable la station de charbon.

Or je maintiens que, pour y parvenir, il faut, à tout prix et sans délai, aménager le port d'Obock ; car, sans lui, le dépôt de charbon est une utopie : ce qui se passe depuis cinq ans, à ce sujet, en est la plus évidente démonstration.

Je vous prie d'agréer, Monsieur le Sous-Secrétaire d'Etat, l'assurance de mon respectueux dévouement.

G. Poydenot,

Ancien Secrétaire en Chef de la Municipalité de Tunis,
Commandeur de l'Ordre Beylical du Nichan Iftikar.

Paris, 20 Juin 1889.

LÉGENDE DES CARTES ET PLANS

ANNEXÉS AU PRÉSENT MÉMOIRE

Annexe A.

Ce croquis a été établi pour rendre plus évidente la démonstration de ce fait qu'Obock, au sortir de la mer Rouge, est l'escale nécessaire sur la route de nos possessions au delà de Suez en Afrique, dans l'Inde, dans l'Indo-Chine, en Océanie et dans les mers d'Australie.

Annexe B.

Cette carte indique la position relative d'Obock comme port commercial à proximité d'Hodeida et Moka, dans la mer Rouge; d'Aden, de Mascate et de Berbera dans la mer des Indes, et des régions méridionales de l'Éthiopie: Choa, Harrar, Kaffa et pays Gallas, lesquelles sont autrement riches en produits naturels que les parties de l'Abyssinie plus rapprochées de Massaoua.

Annexe C.

Cette carte donne l'ensemble de nos possessions et protectorats autour de la station d'Obock. Elle contient les renseignements officiels les plus récents sur l'état de notre colonie (Juin 1889).

Annexe D.

Ce croquis constitue l'avant-projet du port d'Obock. Il s'applique exactement sur le tracé naturel résultant des sondages exécutés par les officiers de marine et ingénieurs hydrographes chargés de l'établissement de la carte d'Obock (Dépôt de la Marine, N° 3615).

90-1014. PARIS. — IMPRIMERIE CHARLES BLOT, RUE BLEUE, 7.

www.ingramcontent.com/pod-product-compliance
Ingram Content Group UK Ltd.
Pitfield, Milton Keynes, MK11 3LW, UK
UKHW021037200726
13857UKWH00005B/1778

9 782012 933750